LÉTHARGIE

DE LA

BOULANGERIE PARISIENNE

CAUSÉE

PAR LES DÉCRETS, ARRÊTÉS ET ORDONNANCES

QUI EN CONSTITUENT LE PRIVILÉGE

PAR

Eugène GANZIN, MINOTIER D'ALGER.

PARIS,

IMPRIMERIE ET LIBRAIRIE ADMINISTRATIVES DE PAUL DUPONT,

45, rue de Grenelle-Saint-Honoré.

——

1856.

LÉTHARGIE

DE LA

BOULANGERIE PARISIENNE

CAUSÉE

PAR LES DÉCRETS, ARRÊTÉS ET ORDONNANCES

QUI EN CONSTITUENT LE PRIVILÉGE

PAR

Eugène GANZIN, MINOTIER D'ALGER.

PARIS,

IMPRIMERIE ET LIBRAIRIE ADMINISTRATIVES DE PAUL DUPONT,

45, rue de Grenelle-Saint-Honoré.

—

1856.

En livrant cette brochure à la publicité nous réclamons du lecteur son indulgence pour la forme et le style de notre modeste écrit; ce n'est pas l'œuvre d'un littérateur, ni d'un écrivain, mais celle d'un minotier algérien qui a eu le loisir, durant son séjour à Paris, d'étudier très-consciencieusement une question à l'ordre du jour, celle de la Boulangerie; de cette étude il est résulté pour lui l'intime conviction qu'une réforme dans les décrets, ordonnances et arrêtés, constituant le privilége de cette corporation, amènerait immédiatement dans l'industrie de la Boulangerie un progrès assez important, dont le résultat le plus certain serait une grande économie au profit du consommateur.

De cette conviction est née l'ambition de soumettre à l'appréciation de personnes compétentes et du Gouvernement les idées pratiques que lui ont suggérées ses faibles connaissances en Meunerie, l'expérience qu'il a pu acquérir dans les affaires commerciales ou industrielles, et ses remarques sur le vice du système actuel dans lequel se meut la Boulangerie. Aussi avons-nous l'espérance qu'on tiendra compte de l'intention qui nous a guidé et du but à atteindre, en délaissant la forme de notre écrit pour ne s'occuper que du fond de nos idées. Sans cette espérance, nous n'aurions pas eu la force ni la témérité de livrer notre nom et nos pensées à un public de lecteurs, qui a le droit d'être exigeant lorsqu'on lui soumet une innovation se rattachant à une question d'économie sociale.

La question de la Boulangerie, qui touche de si près à l'économie vitale, nous a paru si importante dans ses résultats qu'une force irrésistible nous a poussé à soulever un coin du voile qui cache dans ses replis les causes de l'inaction de cette industrie ; laissant cependant à de plus aptes que nous le soin de le soulever entière-ment pour en étudier à fond les rouages usés, et par suite indiquer, en habiles praticiens et économistes, ceux qui doivent être rem-placés pour la sortir de son état léthargique et lui communiquer, si faire se peut, une vie nouvelle appropriée à la marche progres-sive du temps.

Nous devons aussi donner à nos lecteurs le motif qui nous a fait retarder la publication de notre travail. Sauf le dernier chapitre, concernant le pain réglementaire, notre écrit a succédé de très-près à quelques lettres-mémoires concernant la question de la Boulangerie ; lettres que nous avions remises, dans les premiers jours d'octobre, à une personne dont la position personnelle auprès de l'autorité, comme membre de la commission de l'Assistance publique du premier arrondissement de Paris, nous laissait espérer un concours bienveillant pour la propagation de la partie de nos idées qui aurait paru praticable au profit du consommateur, du Gouvernement et des finances de la ville de Paris. En agissant ainsi nous savions d'avance que notre individualité resterait tout à fait à l'écart, nous n'en étions que plus heureux dans l'intérêt même de la réforme que nous signalions, car, totalement inconnu au public et au Gouvernement, nous ne pouvions nous faire illusion sur le peu d'importance qu'obtiendraient les idées émises par un pionnier de la colonie algérienne.

A cette époque — octobre — la crise alimentaire prenant des proportions dont on ne pouvait prévoir ni l'importance ni les conséquences, par suite de l'état de guerre dans lequel se trouvait une partie de l'Europe, nous jugeâmes plus prudent, dans l'intérêt du Gouvernement qui s'en préoccupait beaucoup, d'attendre un moment plus favorable et plus opportun, pour soumettre au public, aux économistes et au Gouvernement, nos faibles idées de réforme. Mais aujourd'hui où les circonstances sont entièrement changées par suite de la paix, et par l'abondante récolte que la Providence laisse espérer à la France, nous faisons un effort sur nous-même, au risque d'être trop faible à la tâche, pour avoir le courage d'éveiller l'opinion publique sur cette question de progrès. Si le talent de convaincre, qui n'est pas donné à tout le monde, nous fait défaut, il nous reste la ferme espérance que nous serons soutenu dans cette œuvre philanthropique par tous ceux qui s'occupent d'améliorations sociales, et surtout par la presse, sentinelle avancée éclairant la marche de tout progrès.

Avons-nous eu tort ou raison de penser et d'agir ainsi, nous l'ignorons; mais, dans tous les cas, ce retard nous aura servi à étudier encore plus profondément cette question d'économie sociale et industrielle. Cependant nos premières idées ne furent pas entièrement perdues entre les mains de la personne à qui nos lettres avaient été confiées, car, si nous ne nous trompons pas, elles furent l'occasion d'un réveil dans l'opinion publique par la voie indirecte du journal l'*Indépendance belge*. Dans le numéro de ce journal, du 10 octobre dernier, l'auteur de la correspondance agricole de Paris fit ressortir, par une comparaison très-originale mais très-vraie, la différence existant entre les Bouchers et les boulangers : — Dans les premiers il y en a qui abattent pour leur compte, tandis que dans les seconds il n'y en a aucun qui fassent de blé farine. — La justesse et la portée de cette comparaison sont réellement, comme le disait l'auteur de cette lettre, le nœud gordien de la question de la Boulangerie. Nous ne dirons pas que hors de là il n'y a pas de salut, mais nous affirmerons qu'en dehors de ce principe de fusion, il y a impossibilité d'économie et par suite impossibilité de progrès.

Sans la fusion des deux industries, on aura constamment la lutte intéressée de la Meunerie libre dans ses mouvements avec la Boulangerie limitée dans son cercle trop restreint. Ceci est la conséquence de la puissance financière de la première, trop supérieure à la faiblesse de la seconde; nous craignons qu'il en soit ainsi jusqu'à l'entière réforme de cette dernière.

Eugène GANZIN.

Paris, le 20 avril 1856.

LÉTHARGIE

DE LA

BOULANGERIE PARISIENNE

———◦———

CHAPITRE PREMIER.

Considérations sur la Boulangerie.

Il fallait à cet écrit un titre qui pût répondre, non-seulement à notre pensée, mais à l'état actuel de la Boulangerie de Paris. Au milieu de tous les progrès vers lesquels marchent constamment les autres industries, elle dort du sommeil de la routine, malgré les avis de la presse; malgré les secousses que parfois la Commission municipale, dans l'intérêt des finances de la Ville et de la masse des consommateurs, a voulu lui imprimer pour la faire sortir de l'ornière du passé; malgré aussi la création de diverses sociétés ayant pour but l'introduction des principes économiques dans la panification; et enfin malgré le progrès qui s'accomplit au loin et autour d'elle pour rompre plus tard le cordon protecteur dont l'entourent les lois qui la régissent.

Toutes ces causes majeures n'ont pu l'éveiller; aussi un pareil sommeil, quand tout gravite vers le progrès, a trop d'analogie avec l'état léthargique d'un malade pour qu'on puisse nous blâmer d'avoir adopté ce titre en tête de cette brochure.

Quelles sont les causes de cette inaction de la part d'une corporation qui compte, pour Paris seulement, 601 membres, représentés par un syndicat et par des électeurs choisis entre eux ?

Est-ce que dans ces six cent une personnes qui se meuvent, agissent et pensent, il n'y aurait pas une seule tête assez intelligente pour comprendre le progrès ? Cela ne peut s'admettre, car ce serait leur faire injure, et pour notre compte nous avons trop étudié les nombreuses circulaires du syndicat pour ne pas reconnaître que l'intelligence et le désir d'améliorations ne leur a pas manqué : c'est une justice que nous leur rendons volontiers.

Si l'intelligence et l'intention existent, on a le droit de se demander les motifs qui maintiennent depuis un temps immémorial cette corporation dans le *statu quo*, et de rechercher les causes qui ont empêché tout progrès réel, et jusqu'aux moindres améliorations pouvant produire une diminution de frais et une augmentation de rendement par la panification, dont le tout permît de diminuer le prix de revient sur l'aliment le plus indispensable à la vie.

Est-ce que les encouragements et même la reconnaissance du gouvernement de l'Empereur, qui cherche toutes les améliorations pouvant amener le bien-être du peuple, leur feraient défaut ?

Nous répondrons hardiment non ! Seulement une cause plus forte que leur volonté, et à laquelle on ne pense probablement pas, s'y oppose ; essayons de la signaler, ce sera peut-être le moyen d'y remédier.

Ce *statu quo*, cette inaction dans le progrès n'est pas le fait de la volonté des boulangers, mais bien celui de la situation où les place le privilége qui leur est octroyé depuis de nombreuses années, et qui a toujours été maintenu depuis les lettres patentes de Louis XVI, en date du 1er avril 1783.

Cette corporation est si fortement scellée à tous les décrets ou ordonnances constituant sa Charte qu'elle la regarde comme inviolable. Ce privilége remonte si loin dans les temps, qu'elle croit impossible un changement qui, selon elle, amènerait un bouleversement dans l'alimentation de Paris.

A ce point de vue qu'a-t-elle à craindre?

La concurrence d'un de ses membres qui opérerait différemment ? Cette concurrence ne serait possible que par un accroissement important dans le débit de pain de ce boulanger ; mais avec la Charte actuelle, celui qui l'essaierait n'y trouverait que des déboires et peut-être même sa ruine.

Une augmentation dans le nombre des titulaires ? Ils ne peuvent la craindre, car déjà en 1807 ils se sont cotisés avec l'autorisation du Gouvernement pour le rachat, au profit de la corporation entière, d'un certain nombre de fonds ou numéros qui étaient la ruine de ceux qui les possédaient.

Admettons cependant qu'à titre d'essai et pour stimuler les boulangers actuels on en augmente le nombre ? Est-ce que les nouveaux titulaires ne seront pas forcés, de par leur Charte, de se mouvoir dans les mêmes errements, et toujours dans un cercle d'opérations encore plus restreint, par la raison toute naturelle qu'une augmentation dans le nombre ne peut produire qu'une diminution dans le débit au préjudice des titulaires existants ? S'il en était autrement, les nouveaux venus n'auraient pas leur raison d'exister, car ils ne travailleraient pas.

Ont-ils à craindre la liberté radicale de la Boulangerie ? Encore moins, car toujours, à leur point de vue actuel, cette liberté leur paraît impossible dans une ville aussi peuplée que Paris.

Tous ces raisonnements que chaque membre de cette corporation doit faire en lui-même, et avec juste raison puisqu'ils sont fondés sur le privilége dont ils jouissent, les fortifient dans cette manière d'envisager leur position qu'ils croient inattaquable ; aussi persistent-ils dans l'immobilité de la routine, et il ne peut en être autrement, car une industrie quelconque a besoin du stimulant de la concurrence et des capitaux pour progresser et s'améliorer.

Nous venons de prouver que la concurrence n'était actuellement ni sérieuse ni à craindre par le fait qu'un titulaire, ne pouvant s'étendre au delà du rayon ou périmètre, si l'on veut, qui lui est fixé par les règlements, il ne pouvait en sortir que pour porter chez quelques pratiques, ou bien pour établir un débit dans un marché public. Nous prouverons plus loin que par certaines rigueurs des règlements ils ne doivent guère y tenir.

Maintenant examinons si les capitaux d'une certaine importance peuvent aller vers eux ; d'avance nous répondrons encore non ! par les mêmes motifs qui s'opposent à tout agrandissement de l'exploitation.

Comment veut-on, avec le degré d'activité, d'importance et de rendement où chaque affaire industrielle est arrivée en France, qu'un boulanger, lors même qu'il serait doué d'une intelligence supérieure, trouve une commandite reposant sur une industrie entièrement limitée dans ses opérations? L'intérêt productif de cette commandite serait trop minime pour que le capital, qui trouve tous les jours un placement très-avantageux, lui accorde la préférence.

Mettez le boulanger à même d'agrandir son cercle d'opération en toute liberté, selon ses moyens et capacités, alors les capitaux iront le trouver ; mais jusque-là il n'aura pour ressource que le crédit intéressé du meunier.

Que résulte-t-il de cette fausse position, où, selon nous, est acculée la Boulangerie de Paris? C'est qu'en général le boulanger, qui, au début de sa carrière, a eu de la difficulté à se libérer de l'achat de son fonds, se trouve forcé d'avoir recours au crédit du meunier, soit pour l'approvisionnement exigé par les règlements, soit pour la réserve qu'il doit verser au magasin central de la Ville. De ce moment, il est complétement sous la dépendance du meunier, et le crédit qui lui a été ouvert n'est autre chose qu'une commandite déguisée toute au profit du meunier. De ce jour, il a perdu non-seulement sa liberté dans les achats, mais il se trouve, par suite du premier crédit qui va en augmentant, forcé de s'approvisionner aux prix et conditions qu'on lui impose ; s'il s'y refusait, le crédit lui serait fermé, et sa position serait alors compromise. Le meunier, que risque-t-il à ce jeu? Absolument rien, car la valeur du fonds, par suite d'arrangement pris d'un commun accord, est là pour sa garantie.

Combien compte-t-on de boulangers à Paris dans cette position ? Nous ne pourrions le dire au juste, mais ils doivent être nombreux.

On ne pourra nous dire que cela n'existe pas, ou ne se passe pas ainsi, car nous connaissons trop par notre expérience même la manière d'opérer de la meunerie, non-seulement à Paris, mais partout ailleurs. Ce que nous en disons n'est pas un reproche adressé à la meunerie, dont nous faisons partie ; elle agit d'après les principes élémentaires de tout commerce, et dans la situation des choses il serait difficile d'opérer différemment. Notre but a été de constater seulement les faits tels qu'ils existent.

De tous ces faits irrécusables, il ressort pour nous et pour tous ceux qui voudront étudier cette grave question que l'état léthargique de la Boulangerie de Paris ne provient pas du manque d'intelligence chez les titulaires, mais bien du rempart inexpugnable élevé par la Charte qui la régit, et derrière lequel elle s'abrite et s'endort, oubliant qu'autour d'elle toutes les industries progressent chaque jour au profit du consommateur et du fabricant.

L'étude de cette question si capitale pour la classe laborieuse, surtout dans les années de disette, nous a démontré que l'initiative du Gouvernement est indispensable, si l'on veut briser cette inertie de la routine, et, pour le faciliter dans cette voie, nous nous permettrons de faire ressortir la rigueur de quelques articles des décrets et ordonnances qui doivent être réformés. Alors il sera facile d'obtenir de la Boulangerie tous les progrès et toutes les améliorations pouvant contribuer à une diminution réelle dans le prix du pain, tout en améliorant sa panification.

CHAPITRE II.

Des Décrets, Arrêtés et Ordonnances concernant la Boulangerie et de ses conséquences actuelles.

Par lettres patentes du roi Louis XVI, en date du 1er avril 1783, l'édit du mois d'août 1776, qui avait réuni la Boulangerie de Paris en communauté, fut réduit à vingt-cinq articles, lesquels formèrent les statuts ou règlements qui constituent encore le privilége de la corporation des boulangers.

Trois articles de ces statuts nous ont frappé, les voici :

« ART. II. Chaque maître sera tenu d'avoir un four chez lui, et il ne pourra vendre et débiter que le pain qui aura été façonné et cuit dans la maison de son domicile.

« ART. VI. Tous les pains qui seront apportés au marché seront du poids, etc. ; les marchands auront deux heures de délai pour les vendre au rabais, sans qu'ils puissent sous aucun prétexte, même sous celui de leur consommation, en resserrer, entreposer ni en emporter aucune portion (1).

« ART. VIII. Pareilles défenses, etc., et même aux maîtres de la communauté, de faire porter du pain chez aucun de leurs confrères pour y être vendu, et ce sous les peines portées en l'art. IV ci dessus. »

Dans l'arrêté du Gouvernement concernant la Boulangerie, décrété par les consuls de la République, le 19 vendémiaire an X (11 octobre 1801), nous remarquons un article très-significatif.

---

(1) Ces dernières clauses ont paru si rigoureuses à l'autorité, qu'une ordonnance de police, en date du 19 novembre 1828, les a supprimées.

« Art. IX. Nul boulanger ne pourra restreindre le nombre de ses fournées sans l'autorisation du préfet de police. »

Et dans l'ordonnance de police concernant la vente du pain sur les marchés, en date du 17 novembre 1808, nous retrouvons le maintien et l'application des mêmes principes dans les articles suivants :

« Art. IV. Le pain devra être apporté directement sur les marchés ; il devra y être vendu dans le jour, et il ne pourra en être remporté.

« Art. VII. Ils tiendront leurs places (les boulangers) par eux-mêmes, leurs femmes ou leurs enfants, sans pouvoir les faire occuper par des garçons ou toutes autres personnes. »

Nous pourrions puiser dans d'autres décrets ou ordonnances, et y trouver une foule d'articles qui, forcément, doivent entraver les réformes de la Boulangerie ; mais alors il faudrait écrire un volume et prendre corps à corps cet édifice du temps. Là n'est pas notre but ni notre mission.

Ceux que nous venons de citer paraîtront suffisants pour convaincre même le Gouvernement de la nécessité d'une refonte générale des règlements qui étreignent la Boulangerie dans un cercle beaucoup trop vieux pour le temps de progrès dans lequel nous vivons.

Comment veut-on que la Boulangerie puisse marcher dans la voie des améliorations progressives tracée par les autres industries, si la liberté de se mouvoir et de s'étendre lui est interdite d'une manière absolue. Qu'on réglemente sa marche, si on le juge nécessaire, de manière à suivre et à guider ses premiers pas vers le progrès, et à lui éviter par là une course trop précipitée qui pourrait compromettre pour un moment l'alimentation de Paris ; rien de mieux. Mais entre la liberté radicale ou le maintien des liens actuels qui empêchent tout mouvement vers les innovations, il doit y avoir un milieu facile à saisir, et encore plus facile à appliquer.

Ce qu'il faut à la Boulangerie, pour la stimuler, c'est une certaine dose de liberté qui permette à celui qui possède l'intelligence des affaires, les connaissances de cette industrie et les capitaux, d'élever une concurrence sérieuse en créant et améliorant en dehors du cercle actuel.

La concurrence ne peut avoir lieu que par l'agrandissement des affaires indispensables aux combinaisons économiques qui surgissent toujours chez celui qui sait qu'en les appliquant il doit ou peut en tirer un plus grand profit.

Dans ces conditions, les capitaux, y trouvant un profit convenable et une garantie réelle, ne craindront pas d'offrir à l'industrie de la Boulangerie leur puissance expansive et productive.

Il nous est pénible de dire que, jusqu'à ce que l'état actuel des choses soit réformé, il est à craindre que le boulanger, en général, aurait-il dix fois plus d'intelligence, son capital actuel serait-il dix fois plus fort, sera toujours dans l'impossibilité d'améliorer son système actuel au profit du consommateur et du sien.

Prouvons le 1° Par un examen consciencieux du sens et de la portée des lettres patentes du 1er avril 1783, de l'arrêté des consuls du 19 vendémiaire an X, et de l'ordonnance de police du 17 novembre 1808;

2° Par quelques considérations générales sur la Meunerie et ses rapports avec la Boulangerie, sur la possibilité d'arriver à une liberté sagement réglementée, sans diminuer le nombre des fonds de Boulangerie existant aujourd'hui;

3° Par d'autres considérations sur l'emploi dans la panification des blés durs mélangés aux blés tendres et les avantages qui en résulteraient au profit du consommateur, des finances de la ville de Paris, et des boulangers eux-mêmes.

D'après l'article ii et viii des lettres patentes, le boulanger ne peut vendre que le pain qui aura été façonné et cuit dans le four de son domicile. Il lui est défendu d'en céder à un confrère.

Il s'ensuit que si un jour la vente, qui est parfois aussi variable que le temps, est moindre que celle de la veille, le boulanger se trouve forcé de garder ce pain qui le lendemain n'aura plus la même valeur aux yeux et au goût de sa clientèle ; en ce cas il faut qu'il s'en débarrasse à tout prix.

Cependant il peut se faire, ce qui se présente assez souvent, qu'un de ses confrères ait ce même jour une vente supérieure à celle de la veille. Celui-ci non plus n'a pas le droit d'emprunter ou d'acheter le surplus de production de l'autre pour satisfaire le client qui, ne pouvant attendre une nouvelle cuisson, est obligé d'aller plus loin : et il s'ensuit une perte de temps qui représente, si c'est un ouvrier, une perte sur sa journée de travail.

Ainsi, en vertu de ce principe de réciprocité à rebours inventé par l'art. VIII, voilà deux boulangers qui font une perte sèche, tandis que s'ils avaient la liberté de s'aider mutuellement, tous deux gagneraient.

D'après l'art. IX de l'arrêté du 11 octobre 1801, nul boulanger ne peut restreindre le nombre de ses fournées sans l'autorisation du préfet de police.

L'application rigoureuse de cet article est cause qu'un boulanger par suite de son classement est tenu de panifier constamment le nombre de sacs de farine afférent à la classe qui lui a été désigné, ou du moins de faire le même nombre de fournées qu'il aura produit pendant un certain temps, lors même que par une cause quelconque son débit diminuerait. Pour produire légalement moins, il se trouve forcé d'attendre le nouveau classement qui a lieu toutes les années seulement.

A cela on nous répondra que l'autorité est assez paternelle pour ne pas exiger le complément d'une production qui amènerait la ruine de ce boulanger. C'est vrai, mais il n'en existe pas moins que l'autorité en agissant ainsi n'accorde qu'une simple tolérance et non un droit, que la mauvaise humeur ou tout autre motif de la personne chargée du service d'inspection peut supprimer.

Une industrie doit être mal à aise avec de semblables restrictions, qui, si elles n'ont pas leur raison d'exister, ou si on ne les applique pas, devraient être supprimées au plus tôt, d'autant plus que le boulanger, se trouvant dans ce cas, doit être peu tranquille sous cette épée de Damoclès au bout de laquelle est suspendu le retrait du titre.

Ces objections peuvent s'adresser aussi à l'art. vii de l'ordonnance de police du 17 novembre 1808, portant que les boulangers ne peuvent débiter le pain dans les marchés que par eux-mêmes, leurs femmes ou leurs enfants.

Le rigorisme de cet article a été atténué, il est vrai, par l'ordonnance de police du 19 novembre 1828, qui dit qu'en cas d'empêchement légitime, ils pourront faire tenir leur place par des personnes de confiance.

Qui est juge de cet empêchement légitime? toujours l'inspecteur chargé de ce service et en dernier ressort le préfet de police probablement.

On retombe de nouveau dans la tolérance et non dans le droit. Cependant le boulanger, avec la terrible pénalité du retrait du titre qui incombe à son privilége, offre assez de garantie à l'autorité pour qu'on lui accorde le droit de faire tenir la place par qui bon lui semble ; on peut être assuré d'avance que le mobile seul de son intérêt lui fera rechercher une personne capable, honnête et avenante.

En étudiant à fond tout l'arsenal de décrets et ordonnances dans lequel la Boulangerie est obligée de se mouvoir, on ne trouvera pas extraordinaire son immobilité, car tout lui fait défaut, concurrence, conception et capitaux.

De bonne foi peut-on admettre qu'un boulanger, dans sa petite sphère d'opération, puisse tenter des essais lorsque en général il a de la difficulté à joindre les deux bouts. Les expériences d'engins et de panification ne se font qu'avec des sacrifices d'argent , et ces sacrifices supposent l'espérance d'en retirer plus tard les profits que toute amélioration obtient ailleurs par suite d'accroissement d'affaires, conséquence du progrès réalisé. Le peuvent-ils dans le cercle vicieux où ils se trouvent? nous avons déjà prouvé leur impossibilité.

La preuve en est dans la non-réussite des divers expédients essayés par quelques-uns d'entre eux et dont le résultat le plus sûr a été la perte des frais dans ces essais infructueux, et ce fait nous confirme davantage dans notre idée qu'en panification toute découverte de procédés pouvant produire, sur un chiffre donné de farine, une plus grande quantité de pain que la quantité obtenue jusqu'à ce jour, n'est guère possible en dehors de l'étude sérieuse des diverses essences de blé.

Ceci admis, nous vous demanderons comment le boulanger pourra faire cette étude avec profit s'il y a impossibilité pour lui de confondre la meunerie dans sa boulangerie, faute de capitaux par suite du manque de liberté.

Voyons un peu, si en lui accordant le capital seulement nécessaire à l'acquisition d'un moulin tout petit qu'il soit et du blé indispensable à son roulement, on arriverait à améliorer sa position.

Le moulin ne peut lui être avantageux, à cause des frais du personnel, qu'autant qu'il contiendra 4 tournants ou paires de meules, car sur ce nombre il y en a toujours une qui repose sous le marteau du rhabilleur. Prenons le minimum de travail de ces 3 tournants, 80 kilog. de blé par heure et par tournant, ce qui nous donne 240 kilog. du mouture, soit par 24 heures 5,760 kilog. représentant, déduction faite des issues et son, 29 balles farine de 157 kilog.

Quel est le boulanger de Paris qui, avec les règlements actuels, panifie ou pourrait panifier cette quantité ? Nous n'en connaissons aucun ; mais s'il y en avait seulement cinq, la révolution pacifique de la Boulangerie commencerait, et aujourd'hui elle s'élèverait à la hauteur d'une véritable industrie progressant comme les autres, au lieu d'être la plus contraire au développement de l'intelligence de ceux qui s'y vouent.

Puisque nous venons d'accorder le capital, le moulin et le blé, permettant de réaliser de notables économies, que fera l'heureux boulanger de ce puissant levier qui devrait être la source de sa fortune ? Il se ruinera en vertu du privilége dont il est gratifié, et qui l'empêche de sortir du périmètre de son domicile pour façonner, cuire et vendre le pain.

Se fera-t-il négociant de farine pour l'écoulement des balles qu'il n'aura pu panifier ? Nous ignorons s'il en a le droit ; en ce cas, il subit les éven-

2

tualités de baisses réelles ou factices souvent causées par la position plus ou moins chargée des fortes minoteries. La lutte lui est impossible sur ce terrain ; ainsi, son petit moulin ne peut lui être avantageux que si le produit journalier est totalement panifié par lui, et dans la position actuelle il ne le peut.

Nous ne voyons qu'un remède assez puissant pour obtenir des améliorations dont l'importance puisse amener une réduction notable dans le prix du pain. Ce remède, facile à administrer, est le droit légal de pouvoir réunir dans une seule main plusieurs fonds ou numéros de Boulangerie ; dût cette main directrice représenter une seule individualité, ou bien l'association de plusieurs boulangers avec le capital, ou mieux encore l'association des trois avec la Meunerie. Alors on utiliserait avec avantage et économie pour tous le produit entier du moulin, qui se trouverait dégrevé de tous les intermédiaires, et le profit obtenu par la centralisation de la panification dans le seul local.

Ceci serait tout simplement la réunion réelle de la Boulangerie à la Meunerie, nœud gordien de cette question économique, si souvent traitée par la presse en général et si redoutée par la Meunerie.

CHAPITRE III.

De la Meunerie et de ses rapports avec la Boulangerie.

———

Nous abordons ce chapitre non pas avec crainte, mais un peu à contre-cœur. Que ceci n'étonne pas, car nous appartenons à cette industrie, depuis peu d'années, il est vrai, mais depuis assez de temps, cependant, pour avoir pu apprécier et juger, par notre propre expérience, le degré d'importance qui lie la Boulangerie à la Meunerie.

Nous craignons que nos idées toutes personnelles ne soient désapprouvées par des confrères auxquels nous sommes totalement inconnus de nom et de personne, attendu que la Meunerie algérienne n'est connue en France que par les produits qu'elle a fait figurer avec avantage à l'Exposition universelle, où elle a obtenu six médailles de 1re classe ; c'est une digne récompense des efforts et du progrès que cette industrie naissante a fait, pour ainsi dire, dans ce beau pays de production, qui a fourni son contingent dans les approvisionnements de l'armée d'Orient.

Nous nous attendons d'autant plus à cette désapprobation, qu'il existe un axiome qui dit que la vérité n'est pas toujours bonne à dire ; mais en ce moment nous faisons abnégation complète d'homme du métier, pour discuter et approfondir, si c'est possible, une question d'économie sociale intéressant tout le monde, puisqu'elle touche à l'alimentation publique, et qui doit, selon nous, aboutir, dans un avenir très-prochain, à la réforme radicale des errements actuels de la Boulangerie.

A cet effet, nous nous adressons non aux intéressés, mais aux économistes et aux personnes assez consciencieuses pour prendre le progrès partout où il se présente. Ceux-là, nous en avons la conviction, nous approuveront de dire tout haut ce que chacun se dit tout bas, en reconnaissant qu'il est impossible à la Boulangerie de s'améliorer et de progresser au profit de tous sans entrer dans la voie de l'association pour s'annexer la Meunerie, peu importe par quel moyen. Ils reconnaîtront aussi que ce n'est qu'à ces conditions qu'il sera possible à la Boulangerie de briser la tutelle trop absorbante de la Meunerie.

Prouvons, avec toute la franchise que cette question comporte, que l'obstacle le plus terrible au progrès de la Boulangerie, qui devrait être une véritable industrie, et non une véritable machine inerte et sans âme, marchant aujourd'hui du même pas que l'on marchait il y a 50 ans, c'est la dépendance complète du boulanger à l'égard du meunier. Tant que ces deux industries resteront scindées, les améliorations devant amener de fortes économies, et par suite une diminution dans le prix du pain, seront impossibles.

La Meunerie se récriera en prouvant ses progrès, qui sont réels, malgré ce qu'en a dit un journal s'occupant des questions alimentaires et agricoles. Mais au profit de qui ce progrès a-t-il été accompli? Est-ce à celui de la Boulangerie et du consommateur? nous croyons plutôt que c'est au profit seul de la Meunerie.

Peut-on lui faire un reproche de ce fait, elle qui est une industrie exigeant de grandes intelligences et de grands capitaux pour marcher. Nous ne craignons pas d'avancer que personne ne le pensera, et même qu'on sera forcé de convenir qu'elle doit être rémunérée en proportion de son progrès et de ses risques. Si, par une amélioration quelconque, elle arrive à une économie de frais ou à un accroissement de rendement, ce n'est que par suite d'essais et d'études quelquefois très-coûteuses. Aussi, le surplus de profit qu'elle en retire lui appartient en tout bien et tout honneur.

En constatant la situation des choses telles qu'elles existent, nous ne pouvons nous empêcher de reconnaître une fois de plus que si la Meunerie faisait partie intégrante, ou, pour mieux dire, corps indissoluble avec la Boulangerie, le progrès serait plus considérable, et les améliorations obtenues le seraient en grande partie au profit du consommateur.

Ceci sera facile à comprendre en se posant cette simple question :

Au profit de qui doit travailler le meunier, si ce n'est pour lui et pour grossir autant qu'il le peut son bénéfice. S'il agissait autrement en face d'une concurrence qui lui donne ce droit, ce serait un industriel incapable ; alors les capitaux et le crédit s'éloigneraient de lui.

Dans sa position actuelle il ne peut et ne doit s'inquiéter des essences de blés qui peuvent donner en panification un rendement supérieur. Ce qu'il doit chercher, ce sont les blés qui se prêtent le mieux aux moutures et aux mélanges faciles, et ceux qui offrent le plus de poids en farine sur un moindre volume. L'essentiel est que l'œil de l'acheteur soit satisfait ; quant au rendement en pâte, ceci n'est pas son affaire : c'est celle du boulanger.

Le nombre des véritables connaisseurs est-il grand dans la Boulangerie ? Nous en doutons, et pour preuve, c'est qu'en général ils recherchent la farine la plus effleurée, par le motif qu'elle est plus facile à travailler et plus prompte à fermenter. Cependant, c'est celle qui, en panification, rend le moins, car, pour arriver à ce degré d'effleurement, les meules doivent être aussi serrées que possible, et par suite l'air circulant est moindre ; les meules, alors, se trouvant plus échauffées, absorbent davantage de gluten, partie nutritive du blé.

Que l'on offre une farine aussi ronde que possible, se rapprochant de la fine semoule, elle sera refusée par la Boulangerie dans la crainte d'un léger surcroît de travail au pétrissage, et cependant le rendement en pâte serait au moins de 3 à 4 p. 100 supérieur à la farine effleurée.

A quoi tient cette idée enracinée dans l'esprit de la masse des boulangers ? d'abord à la routine, ensuite à une raison toute naturelle, c'est que parmi eux il y en a fort peu qui connaissent le travail de la Meunerie ; ceux-là ne se rendent pas compte de l'importance et des avantages qu'ils pourraient en retirer, aussi travaillent-ils la farine méthodiquement et non par suite d'études sérieuses, l'usage faisant loi et progrès pour eux. Qu'on nous dise si, avec des idées semblables, il est possible d'arriver à une amélioration.

Prenons l'opposé et accordons au boulanger actuel qu'il soit meunier ou associé à un meunier, et que par ce fait il réunisse sous sa main les deux industries. Qu'en résultera-t-il ? c'est qu'au lieu de rechercher la facilité du travail machinal, il recherchera le système de mouture le plus avantageux, les essences de blés qui donneront le plus de rendement, et ses mélanges de farine, étudiés au point de vue de ce même rendement, seront mieux faits et mieux appropriés ; enfin, il évitera dans la confection de ses farines tout ce qui pourrait nuire au rendement en pâte, car ce qu'il aurait de moins en poids sur sa farine par rapport au travail de la Meunerie actuelle, il le retrouverait en plus dans sa panification. N'ayant aucun intérêt à forcer l'un au préjudice de l'autre, vu que le bénéfice des deux industries lui appartiendrait, il opérerait plus sûrement et plus avantageusement.

Actuellement, par suite des intérêts distincts des deux industries, c'est tout le contraire qui se produit. Le meunier ne peut et ne doit travailler qu'à son profit ; aussi il en résulte que le boulanger, ayant par son privilége des limites d'opérations tracées, se trouve dans l'impossibilité de posséder ou d'utiliser à lui seul un moulin, ce qui l'oblige de rester éternellement sous la dépendance de la Meunerie pour ne retirer de son industrie qu'un tout mince profit, quand toutefois il n'est pas en perte par sa trop minime production.

En dehors des avantages que nous venons d'énumérer pour le boulanger qui serait lié à la Meunerie par une communauté d'intérêts, il en trouverait d'autres bien plus considérables dans la suppression de tous les intermédiaires. Que l'on veuille se rendre compte du montant des bénéfices et commissions prélevés par chacun d'eux à partir du moment où le blé est vendu par le producteur jusqu'au moment où il entre chez le meunier et du moulin jusqu'au boulanger, on trouvera huit ou dix personnes qui surchargent d'un quart ou d'un cinquième le premier prix de vente. Ce prélèvement fait au détriment du consommateur, sans profit pour le producteur, pourrait être supprimé au profit de la diminution du prix du pain ; l'économie qui en résulterait est trop considérable pour qu'elle ne frappe pas tout le monde.

On obtiendrait un autre avantage qui a aussi son mérite, c'est celui d'éviter les variations soudaines du prix, soit des blés, soit des farines produites parfois pour le besoin de certaines combinaisons financières des grands détenteurs de ces deux denrées et produites aussi quelquefois pour le maintien de la mercuriale servant de base à la fixation du prix du pain qui, elle-même, sert de base aux achats de la Boulangerie.

Nous nous dispensons d'entrer dans d'autres raisonnements trop minutieux ; cependant les arguments ne nous manqueraient pas pour faire ressortir l'immense portée économique de l'union des deux industries ; mais ils ne donneraient pas une valeur de plus à cette vérité reconnue et proclamée par tous ceux qui s'occupent d'économie sociale et d'économie pratique.

Cependant nous croyons utile, dans l'intérêt du Gouvernement et dans celui des millions de consommateurs dont la moindre économie est toujours un soulagement, de citer quelques exemples prouvant d'une manière irrécusable la réalité de l'économie et la possibilité d'en faire l'application tout aussi bien dans la capitale que dans la province qui aura eu la gloire de donner l'exemple de cette inovation.

A Lyon, existe une manutention civile créée par l'énergie et la persévérance d'un homme intelligent que nous avons vu à l'œuvre au milieu des difficultés de sa création, si nouvelle en France, que la réussite en paraissait impossible, surtout en présence de l'opposition de la Boulangerie soutenue par la Meunerie qui, comme à Paris, s'appuyait sur le principe vermoulu du privilége.

Cet établissement centralise dans un seul local une Meunerie renfermant douze paires de meules, une Boulangerie ayant huit fours Roland et dont le pétrissage est fait par quatre pétrins mécanique Bolland, le tout mû par la vapeur : de vastes greniers et magasins pour les blés et farines complètent ce bel établissement.

Cette manutention, mise en mouvement au mois d'octobre dernier, produit actuellement plus de 10,000 kilogrammes de pain par jour, lequel est vendu au-dessous de la taxe de Lyon dans les proportions que voici :

Première qualité blanc, 2 centimes ; deuxième qualité ménage, 4 cent. ; et troisième qualité bis, 6 centimes par kilogramme.

Ce pain, fait avec l'emploi de farine, blé dur de l'Algérie, mélangée à celle de blé tendre, est très-beau et si recherché par son goût, qu'avant la fin de la journée tout est vendu. Le chiffre de la panification augmente tous les mois, mais il serait double si cette Société pouvait augmenter le nombre de ses débits, se bornant actuellement à quatre, y compris celui de l'établissement.

Le jour où toute la force motrice de cet établissement, pouvant produire de 20 à 25,000 kilogrammes de pain, sera constamment employée, son prix actuel du pain pourra être diminué de la moitié au moins, tout en laissant à la Société un bénéfice bien plus considérable que celui qu'obtiendrait le nombre de boulangers nécessaires à la production de ce chiffre de panification, mais agissant séparément.

Qu'une ou plusieurs Sociétés nouvelles et distinctes de celle-ci fondent à Lyon d'autres établissements opérant sur les mêmes principes, la concurrence alors existera, chacune de ces Sociétés cherchera de nouvelles améliorations économiques qui amèneront le progrès, et par suite l'équilibre s'établira d'une manière régulière au profit des consommateurs qui y trouveront une garantie sérieuse du maintien continuel d'un bas prix dans la vente du pain. Aujourd'hui il suffit à cette Société sans concurrence de rester toujours au-dessous de la taxe, et toute minime que soit la différence dans les prix, pour que tous ceux qui sont à portée de ses débits accourent vers elle de préférence aux autres boulangers.

Qu'a-t-il fallu pour que cet établissement se créât et prospérât? La haute intelligence du préfet qui administre le département du Rhône, et qui a su comprendre qu'en autorisant la création de cet établissement avec la faculté de réunir par voie d'achat les fonds de boulangerie servant aujourd'hui de débit de pain à cette société, il entrait dans la voie du progrès et des améliorations touchant l'alimentation publique. Il a compris qu'en facilitant tout ce qui pouvait amener un soulagement dans les dépenses de la classe ouvrière de cette importante ville industrielle, il entrait largement dans les vues et intentions de l'Empereur pour tout ce qui touche au bien-être du peuple.

On se demandera comme nous pourquoi ce qui existe à Lyon et se crée dans plusieurs autres villes de France et de l'étranger ne pourrait exister à Paris, où cette innovation, apportant avec elle les améliorations d'abord et le progrès ensuite, est plus nécessaire qu'ailleurs, attendu que sa population ouvrière est autrement considérable. Ne pourrait-on pas citer l'exemple de la ville de Londres, dont la population est le double de celle de Paris, et où cependant la Boulangerie jouit d'une liberté illimitée ?

Est-ce que l'établissement de Scipion, si bien administré par son directeur, centralisant la panification pour les besoins de tous les hospices de Paris, ne donne pas la preuve d'une économie importante, quoique cet établissement, faute de meunerie, perde l'immense avantage des profits de l'achat direct des blés ?

Est-ce que la création des manutentions militaires, pour le service de l'armée, n'a pas atteint le but économique que l'on en attendait ?

S'il en était ainsi, ces établissements n'auraient pas leurs raisons d'exister ou de se perpétuer ; alors il faudrait les abandonner immédiatement. Mais comme l'économie est reconnue, non-seulement réelle, mais très-forte, le Gouvernement en crée partout où le service a une importance suffisante pour supporter avec profit les frais de construction ou d'installation.

Nous l'avons dit au début : si cela n'existe pas à Paris au profit de la population, la cause ne peut en être attribuée qu'aux décrets et aux ordonnances s'opposant à la réunion de plusieurs fonds ou numéros de Boulangerie entre les mains d'une seule direction, de manière à centraliser la panification, comme à Lyon, à Scipion, à Billy et ailleurs, dans un seul établissement, lequel approvisionnerait les fonds ou débits, si on veut l'appeler ainsi.

L'autorité craindrait-elle de ne pouvoir exercer sa surveillance, qui, selon nous, serait beaucoup plus facile ? Craindrait-elle aussi que l'approvisionnement de plusieurs fonds réunis sous la même direction ne fût plus le même ? Craintes futiles, car l'approvisionnement en blés et farines que cette personne ou société aurait constamment, par suite de l'importance des capitaux à sa disposition, serait dix fois plus fort que celui exigé par les règlements. En outre, rien ne s'opposerait à ce que l'autorité imposât les mêmes charges que celles qui existent aujourd'hui.

Craindrait-elle de toucher aux priviléges octroyés à la corporation des boulangers? Nous ne le pensons pas, en présence de l'intérêt des masses, qui est bien supérieur à l'intérêt privé. On n'aurait pas besoin de ce motif suprême, car la Boulangerie en général souffre assez pour avoir la certitude que, lorsque la majeure partie des boulangers auront comparé leur position actuelle avec celle qu'ils auraient, même avec la demi-liberté que nous leur souhaitons, ils soient les premiers à désirer la réforme des décrets et des ordonnances constituant leur privilége.

Ils comprendront bien vite que s'ils pouvaient réunir leurs efforts en s'appuyant sur le principe vivifiant de l'association, qui seule peut leur donner le capital et une bonne administration, ils élèveraient la Boulangerie à la hauteur des autres industries en la centralisant avec la Meunerie, ce qui leur assurerait plus de profit par une plus grande liberté d'extension. Ils le comprendront d'autant mieux, que la tutelle de la Meunerie, qu'ils subissent actuellement, doit leur paraître assez lourde pour avoir le désir de s'en débarrasser au plus vite.

En réformant ce qui existe, nous n'ignorons pas que quelques Boulangers verraient ce changement avec déplaisir, surtout ceux qui se trouvent dans une position privilégiée bonne à conserver. Combien y en a-t-il de ceux-là sur les 601 titulaires? 100 ou 150, accordons-en 200 si l'on veut; mais les autres végètent ou perdent. Les chiffres vont nous édifier à ce sujet.

Le département de la Seine consomme par jour une moyenne de 793,000 kilogrammes de farine répartis ainsi :

Paris...................... 460,000 kilogrammes.

Banlieue.................. 333,000 kilogrammes.

En admettant que le total de ces farines soit entièrement employé à la panification, nous aurons pour Paris seulement 2,930 balles environ de 157 kilogrammes, ce qui donne une moyenne, pour les 601 boulangers, de

4 balles 137 kilogrammes. Mais du moment que nous venons d'évaluer à 200 le nombre de ceux dits privilégiés, il est naturel que ceux-là doivent panifier au moins le double, soit 9 balles 3/4 ; ne leur comptons, si l'on veut, qu'une moyenne de 8 balles, il restera, pour les 400 autres Boulangers, 1,330 balles, soit une moyenne de 3 balles 51 kilogrammes.

Que les personnes compétentes nous disent s'il est possible à ces quatre cents Boulangers d'obtenir sur l'ensemble du travail d'une année un bénéfice tant soit peu raisonnable, en présence des frais de loyer, qui sont énormes, de la perte d'intérêt du capital mort reposant : 1° sur le prix d'acquisition du fonds ou numéro ; 2° sur la valeur de la réserve que chacun d'eux doit avoir, soit chez lui, soit au magasin central, et en présence des pertes qu'ils subissent parfois sur les méventes de la veille, ainsi que celles qui proviennent du crédit qu'ils sont obligés de faire assez souvent, soit à des personnes nécessiteuses, soit à des établissements publics.

Récapitulons. Les frais de main-d'œuvre, de cuisson et autres absorbent au moins 6 francs par balle de farine sur les 11 francs accordés par l'autorité municipale ; le boni est donc de 5 francs par balle, soit 16 francs 70 centimes pour la panification des 3 balles 1/3, sur lesquels il faut vivre, élever sa famille et faire face aux charges que nous venons d'énumérer.

D'après ce décompte, basé sur des chiffres réels, pour ne pas dire officiels, on doit voir qu'il est impossible au Boulanger de cette catégorie de marcher sur un bénéfice si restreint et même si insuffisant ; sa production est trop faible, surtout en présence des nombreuses charges qui leur incombent. Aussi ne doit-on pas être étonné que beaucoup d'entre eux, assez prudents pour vouloir s'arrêter sur une voie si désastreuse, ne le peuvent, faute de trouver un acquéreur à leur titre de numéro comportant une clientèle si insignifiante.

En présence de ces faits, qu'il serait difficile de nier, on sera bien forcé de convenir avec nous que le privilége actuel de la Boulangerie, avec toutes ses restrictions, est la ruine morale et financière de la majeure partie des membres composant cette corporation, et cela sans profit aucun pour le consommateur. Et l'on voudrait continuer sur des errements aussi vicieux, aussi désastreux, tant pour la masse des titulaires que pour les finances de la ville de Paris, qui, du 1er septembre 1853 au 1er mars de cette année, en deux ans et demi, a déjà avancé l'énorme somme de près 53,000,000 de francs ? Non ! La continuation de ce système nous paraît impossible, et nous avons la conviction que le gouvernement de l'Empereur et l'administration municipale, aussi intéressés dans cette grave question que le consommateur et le Boulanger, résoudront ce problème par une réforme complète de ces décrets et ordonnances.

Que l'on nous permette de citer un exemple de réforme sur cette question dont nous avons été témoin.

En 1853, les habitants de la ville d'Alger se plaignaient beaucoup de la qualité du pain et de son prix élevé ; même plainte pour la viande de boucherie. Le maire, M. de Gueroye, ancien intendant, homme d'énergie qui n'aime pas les demi-mesures, nomma une commission pour étudier à fond ces deux questions. Sur le rapport qui s'ensuivit, il demanda au Gouvernement, avec l'appui du préfet et du gouverneur, l'autorisation de déclarer la liberté de la Boulangerie et de la Boucherie. Cette demande, reconnue avantageuse dans ses résultats à venir, fut approuvée. Immédiatement un arrêté parut, qui rendit libre ces deux industries. Seulement on les réglementa de manière à ce que l'alimentation de la ville d'Alger ne pût souffrir de ce brusque changement.

Les boulangers et les bouchers se récrièrent beaucoup, car la mesure lésait trop leurs intérêts acquis. Quelques jours après, tout se calma, et les habitants n'eurent qu'à se louer de l'énergique initiative du maire, qui leur procurait ces deux aliments meilleurs et à plus bas prix. Aujourd'hui, la majeure partie des boulangers ne sont autres que les minotiers, qui ont trouvé plus rationnel et plus avantageux, soit pour eux-mêmes, soit pour le consommateur, de réunir entre leurs mains la Meunerie et la Boulangerie, en intéressant ou s'associant les boulangers les plus intelligents. Cet exemple a été suivi dans presque toutes les villes de notre nouvelle France algérienne.

Citons aussi un autre fait de ce genre tout récent. La ville de Constantinople, se trouvant cet hiver dans le même cas qu'Alger en 1853, n'a pas eu d'autre remède. La liberté illimitée, mais toujours réglementée, a été décrétée; aussitôt les prix ont baissé par l'effet seul d'une concurrence bien entendue, qui amène toujours le progrès économique à sa suite.

Nous ne nous permettrons pas de dire d'appliquer aussi brusquement le même remède à Paris; cependant le résultat aurait les mêmes conséquences qu'ailleurs. Paris, par sa nombreuse population à nourrir et à cause de ses vieilles habitudes, exige peut-être des ménagements; mais ce que nous redirons à satiété, avec la plus entière conviction, acquise par l'étude pratique et consciencieuse de cette épineuse question, dans l'intérêt de la classe ouvrière, tout aussi bien que dans celui des finances de la Ville, c'est l'indispensable nécessité d'une refonte générale des décrets et ordonnances entravant l'extension sérieuse de la Boulangerie, et s'opposant à l'application du principe d'association, sans lequel une industrie ne peut grandir et progresser.

Le mécanisme de ces décrets servant à la marche actuelle de la Boulangerie a trop vieilli pour pouvoir s'adapter aux principes économiques du jour : la fusion dans un même creuset des deux principales forces vivifiantes, l'intelligence et le capital. Changez ce mécanisme, alors il vous sortira de ce creuset une innovation, qui elle-même produira le progrès, et par suite une œuvre philanthropique, tout en vous conduisant en peu de temps, sans secousse, et surtout sans léser des droits acquis qui sont toujours respectables, à la liberté radicale de la Boulangerie.

Alors l'union indissoluble de la Meunerie avec la Boulangerie sera accompli, malgré le cercle formidable qui, par ses ramifications et ses sou dures fortement trempées, empêche aujourd'hui la Boulangerie de suivre les progrès du temps.

Ce jour-là l'œuvre philanthropique sera complète, car on aura réalisé le plus important de tous les problèmes d'économie sociale, celui de faire arriver directement du producteur au consommateur l'aliment le plus indispensable. Alors on pourra dire avec vérité avoir résolu, au profit de l'humanité, le problème du pain à bon marché.

CHAPITRE IV.

Sociétés créées en vue de la Boulangerie. — Emploi du blé dur et de son rendement en panification.

———

Nous aurions voulu terminer là nos aperçus sur cette question de la Boulangerie, débattue avant nous par des écrivains autrement compétents; mais on ne peut aborder un sujet quelconque sans l'épuiser jusqu'à sa dernière limite, à moins d'être incomplet; en ce cas, il vaut mieux ne pas l'aborder du tout.

En continuant, cependant, il nous reste une crainte, celle de fatiguer le lecteur par la répétition de nos raisonnements plus ou moins faux, plus ou moins justes et plus ou moins mal rendus. Nous demandons de nouveau l'indulgence pour notre inexpérience d'écrivain, et ensuite à cause du but et de l'intention qui nous fait agir.

Abordons les quelques Sociétés qui se sont créées depuis quatre mois dans le but d'opérer une innovation; elles aussi sont tombées en léthargie à ce qu'il paraît : dire le pourquoi et le comment serait chose difficile. Est-ce que les personnes qui s'étaient mises à la tête n'étaient pas assez compétentes dans la matière pour bien comprendre l'importance ou les difficultés d'une création exigeant des connaissances pratiques et non théoriques sur la Meunerie et la Boulangerie? Nous ne le pensons pas, car un homme de sens, habitué aux affaires, ne s'exposerait pas, selon nous, à faire appel au public pour le seul plaisir d'avoir le titre de fondateur-gérant; un pareil calcul, s'il existait, serait non-seulement absurde, mais il discréditerait d'avance toutes les créations de cette nature que des hommes sérieux voudraient entreprendre. Nous aimons mieux croire qu'ils sont arrêtés par les difficultés légales que nous avons signalées.

Une cependant de ces Sociétés a commencé avec peu de bruit et sans ac- tionnaires, mais avec l'encouragement et l'appui moral de hauts person- nages ; aujourd'hui elle est à l'œuvre. C'est la Boulangerie centrale du bou- levard Sébastopol, opérant sur le système Cointry, si nous ne nous trom- pons pas. Ce système a-t-il tenu ce que l'on en attendait ? Nous l'ignorons, mais nous craignons bien que non, à cause du système même qui ne nous paraît, en réalité, qu'un expédient dont les résultats pourraient avoir, en fin de compte, le même sort que celui d'une boulangerie de la rue Rambuteau, laquelle procédait par l'emploi de la farine, ou pour mieux dire de la poudre de riz. Les premiers jours, tout allait à merveille, les quelques centimes au-dessous de la taxe étaient un talisman aimanté qui attirait la classe ou- vrière, continuellement à la recherche de l'économie, surtout dans les mo- ments de crises alimentaires.

Pendant quelques jours, la foule afflua ; cela suffit pour émouvoir toute la corporation de la Boulangerie, qui crut à une révolution dans son industrie. Le syndicat fut obligé de calmer cette effervescence par une circulaire qui promettait que des expériences seraient faites à la Boulangerie commune. Nous ne savons si ce fut la suite de ces expériences qui prouvèrent que l'emploi du riz n'était qu'un expédient, ou bien si ce fut le consommateur lui-même qui en fit justice en s'apercevant qu'il fallait beaucoup plus de pain pour contenter son appétit, et qu'alors l'économie devenait une cherté il est de fait que ce système de panification cessa entièrement.

Nous désirons vivement qu'il en soit autrement pour la Boulangerie cen- trale, mais nous craignons le contraire, car le système employé nous fait mal inaugurer du résultat. La preuve n'en sera évidente que lorsqu'on arri- vera à la balance définitive des comptes. Faire bouillir du blé concassé ou de la farine pour en retirer une eau de lessive plus ou moins glutineuse que l'on emploie au lieu et place de l'eau naturelle, nous paraît un expédient trop peu avantageux dans ses résultats économiques pour qu'on y sacrifie la blancheur de la pâte. Cependant, on ne doit pas désespérer, car en indus- trie tout s'améliore avec de la patience, de la persévérance, et surtout des études. Peu importe le résultat définitif, on doit toujours rendre justice et encourager les intelligences se dévouant à la recherche du progrès, lors même qu'elles se trompent.

On nous demandera peut-être quel moyen on doit prendre pour arriver à une économie indépendante de celle que produit la réunion de la Meunerie à la Boulangerie, économie qui a cependant assez d'importance pour n'être pas dédaignée.

La question serait grave et assez embarrassante pour notre jeune expérience s'il fallait y répondre catégoriquement. Mais, comme nous l'avons déjà dit, nous ne soumettons à l'appréciation des personnes plus compétentes que nos idées et les faits résultant soit de notre pratique en meunerie, soit de nos études et de nos remarques en boulangerie, prêt à reconnaître les erreurs qui nous seront signalées.

Sous cette réserve, nous répondrons que, dans notre conviction, nous n'en admettons qu'un pour le moment : une étude très-sérieuse des diverses essences de blé, pour rechercher ceux qui renferment le plus de gluten ; de ce nombre sont les blés durs de l'Algérie et ceux d'une certaine partie du bassin de la mer Noire. Il est reconnu par la chimie que plus un blé a de gluten, puissance nutritive, plus le rendement en pâte doit être supérieur.

En présence de ce principe indiscutable, on nous dira ce qu'en juin dernier nous disait le chef de la plus puissante maison en meunerie de Paris : — Les blés durs ne sont bons que pour les pâtes alimentaires, et Paris ne les emploiera jamais dans sa panification. — Nous avions beau donner des raisonnements et des calculs pour prouver que toute l'Algérie, Marseille et le midi de la France l'emploient avec avantage, et que s'il voulait user de sa haute influence sur la Boulangerie, ne fût-ce qu'à titre d'essai, on parviendrait peut-être à l'introduire à Paris, avec d'autant plus de raison que, la récolte s'annonçant mauvaise, la France aurait probablement recours aux blés étrangers. Il nous fut répondu que la Boulangerie de Paris avait une telle répulsion pour cette nature de blé qu'elle ne s'en servirait qu'à la dernière extrémité.

Les seuls motifs d'opposition de la Boulangerie étaient, à ce qu'il paraît, de deux sortes : la première, c'est que les blés durs produisaient un pain noir ; la deuxième était la difficulté du travail par suite d'une pâte trop nerveuse.

Ceci nous rappelle que malheureusement cette opinion avait été émise un peu légèrement et sans essais probablement dans le rapport d'un inspecteur de la Halle, au sujet d'une proposition de M. Ollivier, appuyée fortement par le Ministre de la guerre.

Quant à la blancheur du pain, il est juste de dire que, par l'emploi exclusif de farine blé dur, il n'est pas tout aussi blanc, sa nuance est plutôt dorée; mais on arrive au même degré de blancheur que le pain de première qualité par l'addition ou mélange d'un tiers de farine blé tendre première qualité.

À Alger, le pain de luxe se pétrit avec la semoule et un dixième au plus de farine blé tendre, et les étrangers qui y ont séjourné ont été très-satisfaits de sa grande blancheur et de son goût bien supérieur au pain de Paris. Le pain de première qualité de forme ronde se pétrit sans mélange avec une farine entière, blutée de 18 à 20 p. 0/0 selon la qualité de blé. Si à cette farine on ajoutait un cinquième ou un quart de farine blé tendre, on obtiendrait une amélioration très-marquée dans la blancheur de la pâte.

Reste maintenant la difficulté du pétrissage, et on avait raison de la craindre, car il faut de forts bras pour tenir ce service. Mais aujourd'hui que ce procédé barbare et sale, tuant l'ouvrier au physique et au moral, est détrôné par les ingénieux pétrins mécaniques Bolland et autres, cet inconvénient n'existe plus et le pétrissage de ces farines, voire même de la semoule, est aussi facile à effectuer que les plus belles farines effleurées de Paris.

Par un système de mouture approprié au blé dur, par le lavage de ces mêmes blés séchés ensuite au soleil, ou bien par un mouillage dans des proportions raisonnables fait après nettoyage, on améliore beaucoup la blancheur de la farine. Donnez à un meunier de Paris 1,000 kilogrammes de blé dur à moudre, il va le traiter comme un blé tendre; aussi sa farine sera bien inférieure à celle qui aura été traitée avec les mêmes blés en Algérie ou à Marseille. Ceci est tout naturel, car celui qui n'a jamais employé une marchandise ne peut en connaître toutes les ressources : c'est un travail à apprendre et une étude à faire, voilà tout.

3

Les blés de la mer Noire étant de même nature, et renfermant la même quantité de gluten que ceux de l'Algérie, se trouvent dans les mêmes conditions de blancheur, de pétrissage et de rendement.

On ne pourra nous nier, en présence des analyses faites au laboratoire de chimie de la Sorbonne, que les blés d'essence dure ont une supériorité bien marquée sur tous les blés tendres, et même sur les blés durs d'Auvergne, par la richesse de leur gluten. La différence, en leur faveur, varie de 4 à 6 p. 0/0, selon les localités d'où ils proviennent.

Ces analyses ont constaté que les blés durs de l'Algérie renferment 14 kilogr. 300 grammes de gluten sec. Ceux d'Odessa, Tangarop, Mariopol et autres provenances de la même région, 14 kilogr. 550 grammes, tandis que ceux d'Auvergne, qui ne sont que des blés abâtardis par suite de leur transportation sur une terre qui ne peut recevoir les rayons d'un soleil aussi puissant que celui qui vivifie les côtes de la Méditerranée et de la mer Noire, n'en renferment que 11 kilogr. environ. Les blés tendres, en général, en contiennent encore moins.

La supériorité des blés durs est bien autrement considérable en rendement dans la panification. Nous pouvons en parler en connaissance de cause comme ayant non-seulement assisté, mais contribué aux divers essais faits dans les fours de M. Delamarre par M. Ollivier, ancien syndic de la Boulangerie d'Alger. Ces essais eurent pour but de rendre tout le public de l'Exposition juge de la qualité de ce pain, et prouver que l'on pouvait arriver à une diminution de prix très-sensible, sans emploi d'ingrédients étrangers aux céréales et sans nuire à ses qualités nutritives.

A cet effet, le produit de ces expériences figura près de trois mois dans l'annexe section de l'Algérie et dans la galerie de produits économiques, où l'on a pu juger de la blancheur et du goût de ce pain. En outre, il en fut distribué à beaucoup de personnes aptes à juger ; toutes furent étonnées de sa qualité et de sa saveur. Le maréchal Vaillant, ministre de la guerre, pour qui fut faite la dernière panification, reconnut, par une lettre de remercîment, l'importance qu'il attachait à l'entière réussite de ces essais. Le préfet de la Seine, ainsi que plusieurs membres de la Commission municipale faisant partie de la commission d'alimentation publique, ont pu en juger, car, à deux reprises différentes, il en fut remis à l'Hôtel-de-Ville. Nous pourrions même avancer — sans crainte de nous tromper — qu'une commission s'en est occupée d'une manière toute spéciale.

Quel est ce rendement qui paraîtra extraordinaire à la Boulangerie de Paris et qui cependant est réel? La variation obtenue a été de 142 à 152 kilog. pain pour 100 kilog. farine ou semoule. Nous avons cependant remarqué que le rendement de cette dernière était toujours supérieur à la farine. Cela se conçoit, car les meules se trouvant aérées par suite de ce genre de mouture, la chaleur des pierres n'avait pu absorber la partie de gluten qui s'évapore d'ordinaire par la mouture en farine, surtout quand elle est bien effleurée au lieu d'être entière ou ronde.

L'économie même à prix égal dans l'achat des blés durs et des blés tendres se trouve de toute la différence du rendement d'un blé à l'autre, soit de 12 à 20 p. 0/0. Prenons pour moyenne dans les calculs à faire 15 p. 0/0, ce serait une économie de 7 fr. 50 c., laquelle répartie sur 130 kilog. de pain, rendement actuel de la Boulangerie, représenterait une diminution de près de 6 centimes par kilog. de pain. Veut-on réduire ce surplus de rendement à 10 p. 0/0, ce sera toujours une économie de 5 fr., représentant près de 4 centimes par kilog.

En dehors de cet avantage, qui se traduit en bénéfice réel et clair, il en existe deux autres, dont la portée est considérable, surtout dans les années de mauvaise récolte qui, malheureusement, se renouvellent très-souvent.

Le premier, c'est qu'à la mouture, le blé dur donne de 82 à 84 kilog. de matières panifiables, tandis que le blé tendre n'en donne que 76 à 78 kilog., soit un boni de 6 p. 0/0, représentant, au prix actuel de la farine, la somme de 2 fr. 80 c., laquelle, répartie sur les 130 kilog. de pain, permet une nouvelle diminution de 2 centimes à ajouter aux 6 centimes provenant de la différence de rendement, total 8 ou 6 centimes obtenus par le mélange en proportion voulue des deux essences de blés.

Le deuxième, c'est la réduction d'un cinquième sur la quantité de blé nécessaire au complément de l'alimentation publique, en tant que l'on emploie-rait l'essence dure. Ceci, on le comprendra, est la conséquence produite par les 15 p. 0/0 de plus obtenus à la panification, et les 6 p. 0/0 de plus obte-nus à la mouture.

Faisons une comparaison, pour mieux rendre notre pensée, en nous ba-sant, par exemple, sur un déficit de récolte de 5 millions d'hectolitres. Ce déficit doit être forcément comblé par nos départements de l'Algérie de pré-férence à l'étranger, en tant, bien entendu, que l'Algérie pourra fournir ce chiffre. Eh bien! au lieu de 5 millions d'hectolitres, il n'en faudra que 4 millions, par suite du décompte que nous venons de faire, et si l'hectolitre coûte 30 fr., ce sera 30 millions d'économie acquis à la fortune publique et aux affaires, tout en conservant, au profit du consommateur, l'économie de la différence du prix du pain, réalisé par le surplus du rendement en pani-fication et en mouture. Ce résultat vaut la peine qu'on y réfléchisse.

Les propriétaires agriculteurs se récrieront peut-être sur l'extension que nous signalons, toute au profit du blé dur, en l'introduisant d'une manière définitive dans la panification. On pourrait leur répondre qu'il est matériel-lement reconnu que la France ne produit ni assez de céréales, ni assez de bétail pour son alimentation, et du moment qu'il faut faire pour les terres nouvelles un choix de culture, pourquoi ne pas s'adonner de préférence aux prairies naturelles ou artificielles, pour l'élève et l'engrais du bétail, ex-ploitation plus lucrative et plus avantageuse sous tous les rapports que la culture des céréales ; par ce moyen, on réaliserait deux buts : augmentation de céréales par l'Algérie et augmentation de bétail par la France même qui, chaque année, en accroît sa consommation bien au delà des proportions de sa production. Le blé ne souffre pas dans le transport, tandis que le bétail dépérit toujours et meurt quelquefois par le fait de l'entassement, surtout dans les traversées de mer.

En dehors de ces considérations, les agriculteurs reconnaîtront avec nous que, quand il y a déficit de récolte, ce qui existe annuellement, il doit peu leur importer que l'argent de la France prenne la route de la mer Noire au préjudice de l'Amérique ou d'une partie de l'Europe, il n'en sort pas moins, et, en ce cas, il est de l'intérêt général qu'il en sorte le moins possible pour éviter les crises financières et commerciales qu'engendrent ordinairement les années de disette.

Lorsque le déficit sera minime, l'Algérie seule suffira à le combler avec sa production actuelle, l'intérêt général y gagnera encore par la diminution du prix du pain et par la prospérité de la nouvelle France africaine, qui n'attend plus qu'un accroissement de population pour devenir ce qu'elle était autrefois pour Rome, le grenier d'abondance de la France.

CHAPITRE V.

Caisse de service de la Boulangerie.

––––––

Nous ne pouvons terminer cette question de la Boulangerie sans dire un mot sur la création de sa caisse, fondée par décret impérial du 27 décembre 1853, et dont les opérations datent du 1er septembre de la même année.

Nous avons voulu, en homme consciencieux et autant que nos connaissances en finances le permettaient, nous rendre compte du but et de l'utilité présente et future de cette création. Après avoir étudié tout le mécanisme de son fonctionnement, nous sommes obligé de reconnaître que la pensée qui l'a conçue et qui a présidé à son organisation, a été une heureuse inspiration toute paternelle pour la classe laborieuse : celle-ci en a obtenu sans aucun doute de grands soulagements pendant les dures épreuves de ces deux années consécutives de cherté dans les denrées alimentaires.

La caisse de service de la Boulangerie est une de ces créations philanthropiques qui naissent par la force des circonstances ; mais, nous le croyons, elle n'aurait pu avoir lieu dans toute autre ville que Paris, par suite des énormes avances faites en dehors du capital de fondation que les municipalités auraient été obligées de faire. Quelle est la ville en France dont les finances ou le crédit aurait pu, proportion gardée, supporter une charge si lourde ? Il n'en existe pas en dehors de Paris, point central où s'agglomèrent toutes les forces financières de l'Europe.

Son capital avait été fixé à 24 millions, mais cette somme a été bien vite insuffisante, par suite de la hausse toujours croissante des céréales. Pour y remédier, on a créé des bons de la caisse, garantis par la Ville et remboursables à diverses échéances. Ce système d'augmenter le capital de roulement, emprunté au système des bons du Trésor et des obligations de chemin de fer, sans l'appât des primes attachées à ces dernières, a été suivi probablement dans l'espérance qu'une baisse surviendrait au bout de quelques mois ; cela aurait permis aux boulangers, qui se trouvent, par ce simple mécanisme financier avec lequel marche cette caisse, intermédiaires entre le prêteur, la Ville et le consommateur, de rembourser ces bons et de rentrer par cette voie dans le capital primitif mis à leur disposition.

Ces prévisions n'ayant pu se réaliser par suite de la continuation de la hausse, les avances de la ville de Paris se sont élevées au 1er mars de cette année à environ 53 millions, somme tellement forte que nous doutons qu'elle rentre un jour dans ce capital.

Notre croyance à ce sujet est fondée sur un principe commercial tout rationnel. C'est que, lorsque la hausse arrive dans une denrée de cette nature, elle monte rapidement au sommet de l'échelle; la spéculation, toujours guidée par l'espérance de grands bénéfices, pousse vigoureusement à cette ascension, tandis que, quand il faut descendre vers le point de départ, la marche est aussi lente que possible. Elle se dit, le regard fixé sur la moindre intempérie ou sur le moindre retard d'arrivage qui permettent de nouveau une prompte ascension : Ne nous pressons pas, nous avons le temps et l'imprévu devant nous.

En ce moment la caisse de la Boulangerie se trouve dans le même cas, mais au rebours. Elle est descendue aux avances avec la rapidité de la hausse des céréales, et pour remonter vers l'encaisse de son capital, elle mettra dix fois plus de temps que pour sa descente. Cela se comprendra facilement en songeant qu'au lieu d'avoir à régler de banquier à banquier ou de commerçant à commerçant, elle a en réalité pour débiteurs les 1,100,000 bouches de Paris au lieu des 601 boulangers qui ne sont que les intermédiaires. Tant qu'il s'agira de ne faire rembourser que 2 ou 3 centimes, la population n'y prendra garde; mais si dans quinze jours ou un mois la mercuriale fixait le pain à 40 centimes le kilog., il serait impossible à la municipalité de conserver le prix de vente à 50 centimes. L'écart serait si grand qu'il sauterait aux yeux de la population, et surtout de la classe ouvrière qui se demanderait à tort ou à raison pourquoi elle paie le pain

50 centimes lorsque, à deux ou trois lieues de Paris, on ne le paierait que 40 centimes.

La population ouvrière et la classe peu aisée, qui pendant deux années ont supporté des sacrifices plus ou moins onéreux, ne se diront pas que, sans les avances de la Ville, leurs souffrances et leurs sacrifices auraient été plus considérables ; ils ne pourront le dire par un bon motif, c'est que le plus grand nombre ignorent même ces avances. Ainsi il y a, selon nous, impossibilité matérielle pour la caisse de la Boulangerie — la Ville — de rentrer dans ses fonds avec la proportion de la sortie ; il faudra qu'elle se contente de faire le possible, et, s'il le faut, dé sacrifier même la majeure partie de ses avances en s'estimant heureuse de ne pas les augmenter , car ce qu'elle pourra recouvrer en deux ou trois années sera absorbé en six mois et même moins à la première pénurie de récolte.

Malgré cette fâcheuse position pour les finances de la ville de Paris, la création et l'existence de la caisse de service de la Boulangerie est une pensée hardie et généreuse qui est venue en aide à bien des misères et à de nombreuses familles. Elle a été créée pour parer à un moment difficile ; aussi doit-elle continuer son existence pour parer à ceux qui pourront survenir, dût-elle plus tard perdre le double de son capital actuel. Paris, étant la tête du monde et le cœur de la France, chacun est intéressé à sa richesse et à sa prospérité qui ne peuvent exister qu'autant qu'il y règne la tranquillité indispensable à la marche toujours croissante de ses immenses affaires industrielles et commerciales.

Notre opinion qui paraîtra peu consolante et même tranchante à quelques esprits qui ne voient que le présent sans tenir compte de l'avenir, a été formée par cette réflexion : c'est que tous les membres de cette immense famille parisienne, riches ou pauvres, contribuant à son important budget de recettes, contribuent par ce fait à la charge qu'occasionnera cette dette immobilisée.

Nous nous permettrons de dire que c'est un enseignement dont on doit tirer profit en favorisant par tous les moyens une réforme dans la constitution de la Boulangerie, et avec laquelle on puisse arriver sûrement aux

améliorations et aux progrès indispensables pour soulager le plus prompte-
ment possible la ville de Paris du lourd fardeau qui pèse sur ses finances.
Nous croyons avoir indiqué la partie vicieuse de ce qui existe, et la route
dans laquelle, selon nous, on pourrait entrer non-seulement sans léser les
intérêts acquis, mais au profit de tous, même des boulangers.

CHAPITRE VI.

Farine et pain réglementaire.

———

La question du pain réglementaire ayant surgi au moment où nous allions remettre notre travail à l'impression, nous avons cru utile, dans l'intérêt même de la réforme de la Boulangerie, d'en étudier l'importance au point de vue du consommateur, des finances de la Ville et des boulangers. Nous l'abordons avec d'autant plus de franchise que nous trouverons, dans le fait de cette innovation introduite par la volonté de l'autorité municipale, des arguments décisifs qui ne peuvent que contribuer fortement à la réussite de nos idées économiques. Cet essai dans la Boulangerie du département de la Seine doit être, aux yeux de tous, une tentative dans la voie du progrès ; aussi avons-nous la conviction que le puissant concours de l'autorité municipale ne fera pas défaut à notre œuvre de régénération.

Quel est le but que l'on veut atteindre en créant cette nouvelle catégorie de pain ? Selon nous, c'est : 1° le soulagement dans les finances de la Ville, 2° une diminution de prix du pain au profit de la classe laborieuse, et 3° amélioration du pain par un changement de mouture.

Examinons ces trois moyens, et voyons si l'on atteindra le but proposé.

La cessation complète des sacrifices de la Ville ne peut avoir lieu que lorsque le prix des céréales sera descendu à celui de la moyenne des bonnes récoltes, mais jusque-là on n'obtiendra qu'une diminution insignifiante dans les sacrifices à venir. Quant à ceux déjà supportés, on doit les considérer comme à peu près perdus, si nous en jugeons par ce qui se passe actuellement.

L'autorité municipale tient essentiellement, *si ce qu'on nous a affirmé est vrai*, à ce que le pain réglementaire se vende avec un écart de 5 centimes sur le pain 1re qualité, et pour arriver à ses fins, elle se fait elle-même boulanger par sa manutention des hospices de Paris, laquelle a établi depuis quelques jours un débit de pain réglementaire aux halles centrales, en concurrence avec la Boulangerie. Plus loin nous nous permettrons de faire ressortir l'inconvénient qui en résulterait si l'autorité, au lieu de ne faire qu'un essai, devait se perpétuer dans le commerce de la Boulangerie.

Avant de nous attaquer aux chiffres, commençons par constater que nous avions raison de dire qu'il fallait que la municipalité passât une éponge sur une partie de la dette contractée par sa caisse de la Boulangerie. Ce sera la part de tous ceux qui feront usage du pain réglementaire dont le prix, pour le moment, est fixé à 5 centimes au-dessous de la taxe, en réalité ce n'est que 2 centimes de diminution qu'elle établit d'un pain à l'autre, attendu que la mercuriale résultant de la moyenne du prix des farines vendues dans la quinzaine, établit le pain à 47 centimes seulement ; les 3 centimes de différence représentent le remboursement du consommateur, tandis que le pain réglementaire au prix de 45 centimes n'aura rien à rembourser.

La différence de prix entre les deux pains ne pourra provenir que de la différence de prix entre les deux farines. Examinons, quoique nous soyions très-peu au courant de la manière d'opérer de la meunerie qui alimente la halle de Paris, si ces 2 centimes de réduction, représentant 4 fr. 08 cent. par balle de 157 kilogrammes, sont en rapport avec la différence réelle des deux farines, et si au prix revenant au meunier le boulanger peut vendre au prix de la manutention des hospices.

Le meunier répondra avec vérité que l'écart entre les deux farines ne peut être au-dessous de 2 à 2 fr. 50 c.; et pour le prouver, étudions la situation non pas du meunier, mais du boulanger, ayant les fonds suffisants pour acheter le blé et le faire moudre à la façon, ce qui lui est plus avantageux.

Notre décompte, basé d'après la moyenne du cours des marchés de Paris, du 18 avril 1856, sera pour le blé de choix propre à la Boulangerie de 39 fr. 50 c. les 100 kilogrammes.

Pour une balle de farine de 157 kilogrammes blutée à 25 p. 100, il faut
au moins 214 kilogrammes blé coûtant, 39 fr. 50 c. les 100 kilog.,
soit fr... 84 53

Le prix de la mouture, réduit à 2 francs les 100 kilogrammes,
donne fr... 4 28

Le déchet, soit du blé, soit de l'évaporation, doit représenter au
moins 2 p. 100 de la valeur, soit fr........................ 1 69

Total..........F.   90 50

Nous ne comptons pas, faute de les connaître, les quelques frais
de transport pour l'aller et le retour du moulin.

De ce prix de revient il faut déduire la vente des 53 kilogram.
son provenant de cette mouture, à raison de 16 fr. les 100 kilogr.,
soit fr... 8 48

Prix de revient de la balle, fr........................ 82 02

A la panification, jusqu'à preuve du contraire, nous sommes
obligé de calculer, pour Paris, sur le rendement de
204 kilog. pain, à raison de 45 cent. le kilog., soit fr.. 91 80

De cette somme il faut déduire ce qui est alloué à la
Boulangerie par la municipalité pour frais et bénéfice,
soit fr..................................... 11 »

80 80

La perte réelle pour le boulanger est de fr.............. 1 22
représentant près de 2/3 centimes par kilogramme de pain.

Ainsi, il est évident que la municipalité, vendant ou taxant le pain réglementaire à 5 centimes au-dessous de la taxe, ferait subir une perte réelle au boulanger qui n'est déjà pas heureux dans son industrie, et cela sans rentrer dans ses avances sur cette catégorie de ses débiteurs. Il en sera toujours ainsi, car la différence de prix dans les deux farines restera forcément dans la proportion actuelle, à moins toutefois d'en amoindrir la qualité.

Pour ce qui concerne l'amélioration du pain, nous avons la conviction qu'on y réussira si la Boulangerie, entrant dans les vues du Gouvernement, n'emploie dans cette panification que le levain franc au lieu de levure. La pâte, il est vrai, mettra plus de temps à fermenter, et par suite, sa blancheur en souffrira, mais la différence sera si minime qu'il vaut beaucoup mieux la sacrifier au profit de la saveur et d'une plus grande durée de conservation. De la manière dont la panification se fait à Paris, le pain ayant quarante-huit heures est immangeable, tandis que le pain réglementaire, pétri avec le levain franc, conservera sa fraîcheur pendant cinq ou six jours et sera exempt au bout de ce temps de l'aigreur que produit l'emploi de la levure.

Quant à la crainte sur son adoption par la classe laborieuse, elle est selon nous chimérique. Des motifs puissants contribueront à son adoption, le meilleur marché, sa plus grande conservation liée à une plus grande puissance nutritive, et son meilleur goût. Notre conviction, à cet égard, est que, quand on en aura fait usage, il sera préféré à celui de première qualité, pétri dans les conditions actuelles.

L'autorité, en persistant à vouloir cette catégorie de pain, aura réellement obtenu une amélioration de qualité ; mais quant à une économie notable, soit pour la classe ouvrière, soit pour ses finances, elle nous paraît peu probable à cause de l'écart dans le prix des deux farines qui ne produira jamais qu'une différence de 1 centime par kilogramme de pain au lieu de 5 centimes comme l'a affirmé, il y a quelques jours, un des grands journaux de Paris.

Pour que ce pain pût réaliser une économie réelle de 5 centimes, il faudrait que l'écart du prix des deux farines, par sac de 157 kilogrammes, fût de 10 fr. 20 c., basé sur un rendement de 204 kilogrammes de pain. Nous ne craignons pas de dire que l'auteur de l'article a commis très-involontairement une grave erreur, qu'il sera le premier à regretter, car il comprendra comme nous que le consommateur, en général, n'est guère au courant de l'industrie meunière, et que ceux d'entre eux qui souffrent de la cherté des vivres, pourraient en induire que le maintien du haut prix du pain provient de la volonté seule de la meunerie. Lorsqu'on touche aux questions d'alimention publique, on ne saurait trop prendre de précautions en établissant des chiffres qui ne devraient être donnés qu'après sérieuse vérification, d'autant plus qu'en l'état, il est facile à qui que ce soit de faire le décompte réel du prix de la farine réglementaire, en prenant la cote officielle du prix des blés, du prix de vente du son, et en y ajoutant les frais de mouture et de déchet.

Revenons à l'économie qu'espère la municipalité, et supposons en outre que la classe plus aisée adopte ce pain, ce qui aura lieu indubitablement ; alors la caisse de service de la Boulangerie se retrouvera dans la même position qu'avant, c'est-à-dire qu'il faudra qu'elle renonce à rentrer dans ses avances ou bien elle y fera contribuer de nouveau la classe ouvrière.

La résistance pour l'adoption ne viendra pas, comme on le voit, de la population. Viendra-t-elle de la meunerie? pas davantage. Cependant l'introduction de cette nouvelle farine blutée à 25 p. 0/0 et généralisée dans la panification, changera ses habitudes et réduira peut-être ses bénéfices de 1 à 2 p. 0/0. Quant à l'empêcher, — comme le disait tout récemment un journal, — de mélanger plusieurs qualités de farine ou blé pour la confection de celle dite réglementaire, ce serait chose encore plus impossible que d'empêcher un mélange dans les farines premier choix. On pourra très-bien surveiller pour un essai, mais quant à surveiller constamment tous les moulins, comme le fait l'Administration de la guerre lorsqu'elle donne des moutures à la façon, ce serait impraticable et deviendrait si vexatoire que l'on arriverait à l'anéantissement de toutes les meuneries.

Qu'on laisse agir tous les meuniers selon leurs vues ou leurs idées, la liberté de la concurrence d'un côté et leurs intérêts propres de l'autre ramèneront bien vite à la loyauté des affaires ceux qui auraient une tendance à en sortir. Quant à la nouvelle organisation des moulins pour la nouvelle mouture, cela se réduira à un simple changement dans le système actuel du rhabillage des meules et dans les numéros des soies adaptés aux blutoirs.

Admettons cette innovation dans la Boulangerie de Paris et même ailleurs comme définitivement reçue par la population, et à la satisfaction de tous.

Quel progrès sensible aura-t-on réalisé en faveur de cette industrie, pour qu'elle puisse, en temps de crise alimentaire, soulager la population dans ses dépenses journalières par une diminution importante dans le prix du pain ? Selon nous, aucun, par la raison qu'on ne pourra considérer comme progrès sérieux l'insignifiante économie de 1 c. 1/4 et même 2 c. si l'on veut, mais non 5 c., comme beaucoup de personnes le croient. En échange de ce soi-disant progrès, a-t-on réfléchi au revers de la médaille, qui nous montre quelque chose comme 2 ou 3 p. 0/0 de plus de blé qui seront nécessaires à l'alimentation annuelle par le seul fait de l'impossibilité à la meunerie de remoudre les 25 p. 0/0 de résidu pour en retirer 2 ou 3 p. 0/0 seulement d'exécrable farine ; les frais vaudraient plus que la valeur de la marchandise ; aussi, ce surcroît de matière nutritive qui se trouvera dans le son sera tout au profit des animaux. Dans les années d'abondance, cette perte sera imperceptible, mais dans les mauvaises années, elle pèsera d'un poids énorme sur les approvisionnements.

Aura-t-on fait un pas de plus pour arriver à produire le pain sans intermédiaire, c'est-à-dire à prendre le blé dans les marchés de production pour le faire arriver tout panifié sous la dent du consommateur, comme les fabricants de Rouen, Mulhouse, Elbeuf et autres villes manufacturières ou industrielles prennent sur le marché du Havre, de Marseille ou au lieu même de la production, le coton, la laine ou autres produits bruts pour les renvoyer entièrement propres à l'usage du consommateur par l'intermédiaire du commerçant ? A-t-on pensé à ce que coûtait, il y a 50 ans, une pièce de cotonnade, de drap ou autres produits qui, avant d'être mise en état, passait par cinq ou six catégories d'industries se rattachant les unes aux autres, mais distinctes d'intérêts, et à ce qu'elles coûtent aujourd'hui par l'application du système économique de la centralisation dans une seule main et dans un seul établissement, système ou principe qui permet de prendre une marchandise brute pour ne la rendre que finie ? Si on y a pensé, on doit reconnaître que la différence de prix d'une époque à l'autre est considérable.

Si on reconnaît que, par la centralisation dans la manipulation des matières ne devant former qu'une seule et même nature d'objets, ces industries ont obtenu de si beaux résultats, nous ne voyons pas pourquoi l'industrie de la Boulangerie, en s'annexant la Meunerie, ne les réaliserait pas pour arriver au même degré d'économie et de perfection. Pour nous, le succès serait d'autant plus positif que cette industrie est la seule sur toutes qui, par la nature même de son produit, puisse supprimer tous les intermédiaires et dire avec vérité : Je prends directement du producteur pour donner au consommateur.

Cette comparaison tend à prouver que la création du pain réglementaire, est un expédient et non une réforme. Il est, si l'on veut, une légère atténuation sur la routine du jour, un premier pas fait vers le progrès, mais non la réalisation du progrès, car l'économie se borne en réalité à 2 centimes. On nous répétera qu'elle est de 5 centimes par rapport à la taxe : c'est vrai ; mais que l'on raye demain la dette que doit le consommateur de Paris, ce ne sera plus la taxe, mais bien la mercuriale qui réglera, comme en temps normal, le prix du pain, basé sur le prix actuel des farines, en y ajoutant, bien entendu, les 11 francs de frais et bénéfice accordés à la Boulangerie. Par la mercuriale, nous l'avons déjà prouvé, le pain ne revient en réalité qu'à 47 centimes au lieu de 50 centimes ; les 3 centimes de différence représentent le remboursement exigé du consommateur du pain de 1re qualité ; que l'on exige, pour être rationnel, — ce que nous sommes loin de désirer, — le même remboursement du consommateur du pain réglementaire, on ne trouvera plus qu'une différence de 2 centimes.

Cette différence elle-même est encore trop forte au prix coûtant de la farine réglementaire, et si elle est accordée au consommateur, elle ne peut l'être que par un nouveau sacrifice ou une nouvelle avance de la caisse de service de la Boulangerie, ou bien — ce que nous croyons fermement — elle est le produit économique de la centralisation du service de l'établissement de Scipion ; elle est le produit réel de l'économie résultant de la grande production de pain de cette manutention des hospices. La Boulangerie, dans sa position actuelle, ne pourrait l'accorder sans perte.

De deux choses l'une : ou la Ville continuera à pétrir et à vendre pour le consommateur, en concurrence avec la Boulangerie ; alors elle fait de l'industrie et du commerce dans des conditions trop avantageuses pour ne pas écraser la Boulangerie. Cette concurrence ne serait pas rationnelle, et même mieux, elle serait déloyale, car l'autorité municipale, par le fait de sa souveraineté et de ses finances, s'arrogerait un droit et une force que les boulangers ne peuvent avoir.

Ou bien elle doit immédiatement accorder aux boulangers le droit de s'associer avec qui bon leur semble, même entre eux, pour pouvoir concentrer et unir leurs forces, leurs capitaux et leur intelligence. Alors la position se trouvant à peu près identique, ce qu'obtient la Manutention des hospices la Boulangerie certainement l'obtiendra aussi, si toutefois elle ne fait pas mieux.

Agir différemment serait illogique et amènerait la ruine de tous les boulangers qui n'ont pas été compris par nous dans la catégorie des privilégiés, de ceux dont la situation d'établissement ne comporte pas une vente convenable de pain de luxe et de fantaisie, le seul qui donne aujourd'hui un profit réel.

Nous voyons avec plaisir que la logique de nos principes, sur cette question de la Boulangerie, s'est fait jour, même auprès de l'autorité municipale, et nous devrons au pain réglementaire l'honneur d'avoir avec nous un auxiliaire puissant, qui a pu, par des expériences sérieuses, se convaincre de la puissance économique du principe de la centralisation appliqué même à l'industrie de la Boulangerie. S'il en était autrement, nous ne comprendrions pas l'existence des manutentions militaires, de l'établissement de Scipion, et encore moins l'annexion des dix paires de meules que l'on vient de décider pour cet établissement, ce qui résoudra la réunion de la Boulangerie à la Meunerie.

Pour avoir pris cette résolution, l'autorité municipale a dû se convaincre, tout aussi bien que nous, de l'immense avantage et de la grande économie à réaliser au profit du consommateur; mais elle a dû se convaincre aussi que ce résultat ne pouvait être obtenu que par un chiffre de production autrement supérieur à celui de la moyenne des 601 Boulangers de Paris. Eh bien! puisqu'il en est ainsi, et qu'une partie de la mission qui lui est confiée par l'Empereur, a pour but de rechercher partout et en tout l'amélioration dans le bien-être du peuple, nous nous permettrons de lui dire, sans crainte de l'offenser : Soyez conséquente avec vous-même ; faites que le progrès que vous réalisez au profit des malades et des finances de la ville de Paris, se

4

réalise aussi par la réforme de la charte de la Boulangerie, au profit de tous les consommateurs. La classe aisée vous en saura gré, non pour l'économie qu'elle en retirera, mais pour le progrès que vous aurez fait naître. La classe des travailleurs, le peuple enfin, à qui une économie procure un surcroît de bien-être ou une jouissance de plus dans sa vie de labeur, vous en sera reconnaissant et bénira une fois de plus le nom de Napoléon III.

CONCLUSION.

Nous n'avons rien à ajouter pour conclure. Notre conclusion doit s'induire des idées mêmes que nous venons d'émettre, et nous aimons mieux laisser à chacun la liberté d'en tirer, et de s'approprier même, selon le point de vue où on se placera, les conséquences qu'il trouvera justes et rationnelles ou d'une application facile.

A l'appui des conclusions que chaque lecteur pourra en tirer, nous nous permettrons cependant d'en signaler deux, qui pour nous ne peuvent produire que des auxiliaires puissants pour la prompte réalisation des réformes.

La première, c'est la décision de l'autorité municipale concernant l'annexion de la Meunerie par dix paires de meules à la manutention civile des hospices. Pour tous, ce fait est la reconnaissance de la puissance économique du principe de fusion et de centralisation que nous avons signalé. Cette reconnaissance tardive est due à la force des circonstances.

La deuxième, nous la trouvons dans les principes d'une circulaire du syndicat de la Boulangerie, en date du 19 novembre 1807, adressée à tous les boulangers, au sujet de la délibération prise pour le rachat, au profit de la corporation, de plusieurs fonds de boulangerie. Voici comment le syndicat s'exprimait :

« 2° Les effets salutaires qu'elle doit procurer seront : 1° l'économie du
« bois, que les faibles établissements consomment en pure perte. De cette
« économie résultera nécessairement une diminution dans le prix de ce
« combustible; 2° Une augmentation de commerce pour les boulangers con-
« servés et une amélioration dans la valeur de leur établissement ; 3° Une

« diminution dans les frais de manutention, en multipliant, par l'effet de
« cette réduction, le nombre des garçons boulangers employés, ce qui éta-
« blira une concurrence en faveur de la baisse de la main d'œuvre, qui
« tournera au profit du maître boulanger et du consommateur.

« Nous ne nous appesantirons pas davantage sur le bien que cette opéra-
« tion doit produire, tant en notre faveur que pour l'intérêt public, etc. »

Ces quelques phrases, dont on ne pourra nier la haute portée économique, seraient affaiblies par des commentaires ; elles portent en elles-
mêmes le germe de la liberté de la Boulangerie en indiquant aussi claire-
ment et avec tant de sens, à un demi-siècle d'intervalle, l'application des
grands principes économiques par l'unité de la centralisation du travail qui
fait la force et le progrès des industries, tout aussi bien que des gouverne-
ments. Aussi il ne nous reste, après cette citation, qu'à terminer nos arguments par une réflexion née de cette circulaire.

Pourquoi ce qui était vrai il y a cinquante ans, lorsque l'industrie était au
début de sa rénovation, ne le serait-il pas davantage aujourd'hui, où les
idées progressives, appuyées sur le principe d'association du capital et de
l'intelligence, renouvellent la face du monde au profit de la fortune publique
et privée, et surtout au profit du bien-être général et de l'humanité ?

Eugène GANZIN.
Minotier à Alger.

Paris, le 20 avril 1856.

TABLE DES MATIÈRES.

Paris, impr. de Paul Dupont, 45, rue de Grenelle-Saint-Honoré.

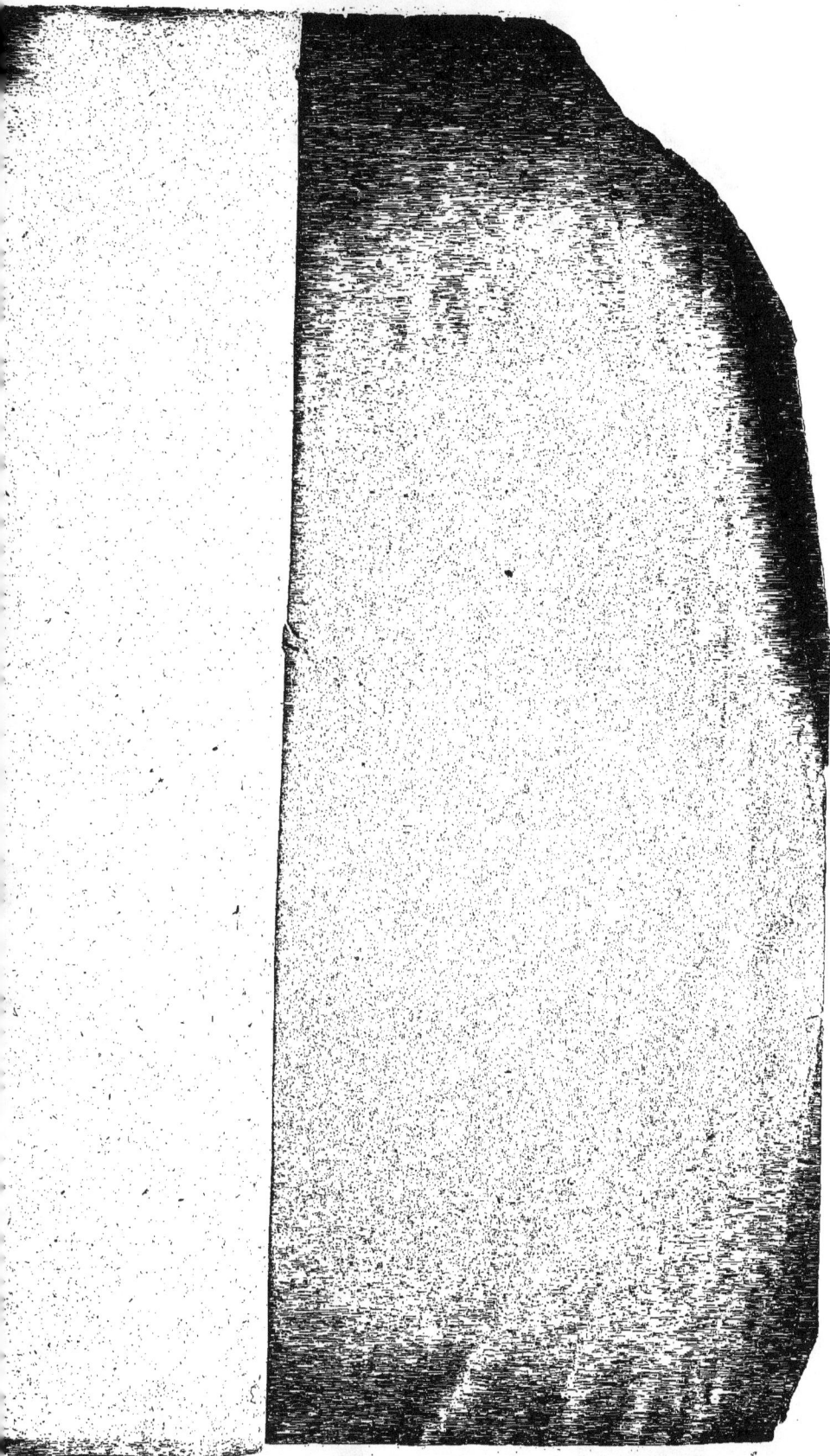

Paris, Paul Dupont.